Ligados.com
História
5

Caderno de atividades

NOME: ____

____

TURMA: ____

ESCOLA: ____

____

____

Editora Saraiva

Sumário

O governo-geral 3
A sociedade colonial 5
Ouro: riqueza para poucos 12
Patrimônio cultural do período colonial 15
A fuga da família real portuguesa para o Brasil 16
Brasil, uma nação 24
O cotidiano da escravidão no Brasil 32
O império do café 34
Os direitos dos negros 40
Proclamação da República 46

VIAGEM PITORESCA E HISTÓRICA AO BRASIL

Aclamação de dom Pedro I imperador do Brasil no Campo de Santana, de Jean-Baptiste Debret.

Ilustrações: Alan Carlos Barbosa, Daniel de Paula Elias, Francis Yoshida de Mattos, José Ângelo Góes Mattei Júnior, José Segura Garcia Junior, Luciano Costa de Oliveira, Marcelo de Almeida, Marcos Diego dos Santos, Mateus Galhardo Grizante, Mouses Sagiorato Prado, Paulo Sérgio Fritoli.

Atividades: Material originalmente publicado por Sistema de Ensino Ético.

O governo-geral

1. Leia o texto e complete as lacunas com as palavras do quadro.

donatário	fortes	funcionários	capitanias	colonização

O governo-geral

Bacamartes: antigas armas de fogo de cano longo.

Em 1549, dom João III nomeou Tomé de Sousa o primeiro governador-geral do Brasil. Para organizar essa administração, mandou para o Brasil mais de 1500 ____________________, tomou de volta as ____________________ dos que não conseguiram sucesso e entregou-as para novos donatários.

Cada ____________________ passou a receber do governo um conjunto de armas de fogo, composto de canhões, bacamartes e espingardas. Durante o período de ____________________, cada homem livre possuía uma arma de fogo doada pelo governo. Dessa forma, havia pequenos exércitos nas capitanias.

A partir da criação do governo-geral, Portugal passou a investir na construção de espaços de defesa do litoral: os ____________________. Nas vilas foram construídas casas para os nobres, câmaras municipais e igrejas.

A partir da segunda metade do século XVI, a principal preocupação do governo português estava relacionada com a segurança de sua colônia americana. Garantir armamentos para os colonos e a construção de fortes no litoral eram as prioridades. Na imagem, vemos o Forte do Mar, construído em 1623, na cidade de Salvador, estado da Bahia.

2. Leia o texto.

As câmaras municipais

A organização política e administrativa das vilas e cidades recém-fundadas no Brasil ficava por conta das câmaras municipais. Elas deveriam cuidar do abastecimento das vilas e das cidades, da limpeza e conservação, da ordem pública e da segurança das pessoas que ali viviam. Eram compostas por procuradores, oficiais do exército, vereadores e juízes.

Os juízes eram escolhidos e nomeados pelo governo português. Os vereadores eram portugueses escolhidos pelos juízes entre aqueles que faziam parte da população das vilas.

RODRIGO ORTEGA

O prédio do atual Museu da Inconfidência, localizado na cidade de Ouro Preto, estado de Minas Gerais, foi construído na década de 1780 para abrigar a câmara municipal de Vila Rica.

■ Assinale as alternativas corretas sobre a organização das câmaras municipais durante o período colonial.

- ☐ Eram comandadas pelos juízes.
- ☐ Cuidavam da ordem pública e do abastecimento das vilas e cidades.
- ☐ Todos os brasileiros poderiam ser escolhidos como vereadores.
- ☐ Os juízes eram nomeados pelo governo português.

A sociedade colonial

3. Leia o texto.

A economia colonial

Metrópole: no contexto do período colonial, metrópole era o país que administrava uma determinada colônia.

- Assinale a alternativa correta.

☐ No período colonial, tudo o que o Brasil produzia era enviado e contabilizado na economia de Portugal.

☐ Açúcar, couro, ouro, prata, erva-mate, fumo e outros produtos brasileiros eram negociados na Europa pelos comerciantes brasileiros.

4. Leia o texto.

Pacto colonial

Os produtores que viviam na colônia não podiam vender seus produtos para os comerciantes europeus que não recebessem autorização do governo português. Da mesma forma, somente podiam vir à costa brasileira os navios pertencentes a comerciantes portugueses.

Restrição: proibição, impedimento.

Durante esse período, o Brasil se restringiu a produzir aquilo que era necessário aos portugueses, geralmente produtos ligados à lavoura e à criação de gado, como açúcar, fumo, carne, couro etc. Os portugueses não permitiam que fossem construídas fábricas no Brasil. Tecidos, calçados, chapéus e ferramentas para a lavoura tinham que ser comprados dos comerciantes portugueses. A produção econômica brasileira do período colonial era agrária.

a) Assinale as alternativas corretas.

- [ ] No período colonial brasileiro, os comerciantes brasileiros tinham a liberdade de comercializar seus produtos com qualquer país.
- [ ] Os produtos brasileiros eram negociados na Europa.
- [ ] O Brasil possuía sua própria economia, ficando assim com todos os lucros gerados pelo comércio de seus produtos.
- [ ] Os produtores que viviam no Brasil só podiam comercializar seus produtos com autorização do governo português, firmando assim o pacto colonial.

b) No período colonial, qual era a relação política e econômica existente entre a metrópole e a colônia?

c) Escreva um pequeno texto explicando o que você entendeu sobre a economia do período colonial.

d) No período colonial, os produtores que viviam na colônia tinham liberdade para comercializar seus produtos com qualquer país? Explique sua resposta.

5. Leia o texto.

Sociedade agrária, escravista e patriarcal

Nos séculos XVI e XVII, a sociedade colonial era composta por grandes proprietários rurais, por uma pequena quantidade de trabalhadores brancos e livres, pelos indígenas e por uma grande quantidade de trabalhadores negros e escravizados, trazidos à força da África.

Em virtude dessa formação, os historiadores definem a sociedade brasileira dos dois primeiros séculos de colonização como agrária, escravista e patriarcal.

- Procure no diagrama os grupos sociais que compunham a sociedade do período colonial.

Q	T	A	S	U	G	Ú	P	M	J	L	Q	O	L	Y
S	R	G	E	L	I	M	R	T	I	O	W	U	K	N
A	A	N	N	A	I	R	O	S	U	A	G	C	S	E
P	B	S	H	E	D	E	P	I	W	•	S	O	P	G
M	A	S	O	O	Ú	B	R	U	A	C	O	A	A	R
C	L	K	R	F	S	B	I	T	D	N	D	W	L	O
H	H	•	E	B	T	M	E	S	T	I	Ç	O	S	S
M	A	F	S	C	R	D	T	U	R	N	L	C	K	•
Z	D	H	•	A	I	B	Á	A	F	D	T	I	D	E
K	O	A	D	W	A	C	R	E	H	Í	S	O	P	S
U	R	N	E	I	U	J	I	A	A	G	Y	D	•	C
T	E	G	•	A	A	E	O	A	R	E	O	R	S	R
M	S	P	E	T	O	A	S	G	L	N	S	U	O	A
O	•	I	N	D	P	E	•	D	U	A	E	T	A	V
O	L	F	G	L	P	M	R	N	T	S	S	B	J	I
P	I	H	E	K	A	B	U	H	B	L	Y	K	O	Z
U	V	J	N	L	R	B	R	Y	N	P	U	L	P	A
I	R	G	H	I	H	D	A	J	E	L	W	S	A	D
U	E	N	O	S	P	X	I	V	G	H	J	L	A	O
U	S	Y	M	B	A	A	S	I	M	F	I	R	O	S

6. Leia o texto.

Uma sociedade agrária

A sociedade colonial era agrária porque a grande fonte de riqueza era o campo. Os produtos agrários produzidos na colônia formavam a base da economia colonial, que era voltada para a exportação de matérias-primas para a Europa.

Durante o período colonial, Portugal não permitiu a instalação de fábricas no território brasileiro. A população que vivia aqui era obrigada a comprar de Portugal todos os produtos manufaturados. Tecidos, ferramentas, chapéus, calçados, panelas, instrumentos para a criação dos animais... tudo o que os colonos precisassem teria que vir de Portugal. Esse controle exercido por Portugal chamava-se monopólio colonial.

Manufaturados: produtos feitos por artesãos ou em pequenas fábricas.

a) Por que a sociedade colonial era agrária?

____

____

____

____

____

____

b) Explique o que era o monopólio colonial.

____

____

____

____

____

____

7. Leia o texto.

Uma sociedade escravista

A sociedade colonial era escravista porque quase todo o trabalho era realizado por mão de obra escrava. Os negros, trazidos à força do continente africano, executavam grande parte dos serviços nas residências, nos engenhos, nas plantações e nas minas de ouro e prata.

Poucos eram os brancos que faziam trabalhos braçais, mesmo entre os que não eram ricos. As famílias brancas tinham escravos para quase todos os tipos de serviço.

No período colonial, os escravos eram proibidos de ter bens. Por isso, caso quisessem deixar de ser escravos, tinham apenas duas opções: receber a autorização de liberdade de seus proprietários ou fugir.

Os negros escravizados tinham como abrigo as senzalas, onde eles dormiam. As instalações eram precárias e o tempo de descanso era curto, pois os escravos eram obrigados a trabalhar até 16 horas por dia. Fora todo o desconforto e o esforço físico, os escravos não eram bem alimentados.

VIAGEM PITORESCA E HISTÓRICA AO BRASIL

VIAGEM PITORESCA ATRAVÉS DO BRASIL

Não era só de trabalho duro e castigos que viviam os africanos escravizados na colônia brasileira. Momentos de confraternização também existiam e foram importantes para a manutenção de elementos culturais que ainda estão presentes em nossa sociedade. Nas imagens vemos as obras *Negros serrando tábuas* (1831), de Jean-Baptiste Debret, e *Dança do lundu* (1825), de Johann Moritz Rugendas.

■ Por que a sociedade colonial era escravista?

8. Leia o texto.

Uma sociedade patriarcal

A sociedade colonial também era patriarcal, o que significa que o poder familiar estava nas mãos do homem mais velho, fosse essa família rica ou pobre.

Os donos das grandes propriedades rurais e dos engenhos, além de responsáveis por seus parentes, escravos e colonos livres, eram também importantes chefes políticos locais.

Era costume os senhores de engenho apadrinharem todas as crianças que nasciam em suas propriedades e os casamentos que ali se realizavam. Os senhores de engenho eram muito temidos; poucas pessoas tinham coragem de contrariá-los.

Nas casas-grandes, ou seja, nas moradias dos senhores de engenho, habitavam várias pessoas: esposa, filhos, parentes, alguns amigos da família, padres, professores e escravos domésticos. As casas-grandes não eram tão confortáveis como as casas da cidade, mas eram espaçosas e seguras.

a) Explique o significado de sociedade patriarcal.

b) Quem morava na casa-grande junto com o senhor de engenho?

Ouro: riqueza para poucos

9. Assinale no texto quem foram os exploradores que encontraram as primeiras jazidas de metais de Minas Gerais.

A mineração

A mineração foi a mais importante fonte de riquezas para o governo português durante a fase de colonização do Brasil. No fim do século XVII, os bandeirantes paulistas encontraram as primeiras jazidas de metais e pedras preciosas, na atual região do estado de Minas Gerais.

Entre 1690 e 1750, foram descobertas jazidas em várias regiões da colônia. As mais exploradas ficavam nas regiões dos atuais estados de Minas Gerais, Bahia, Goiás e Mato Grosso. Por volta de 1720, a colônia brasileira tornou-se a maior área exportadora de ouro do mundo.

Mineração: prática de retirar minérios preciosos do solo ou dos rios.

Jazidas: locais onde os minérios se acumulam e podem ser explorados economicamente.

COLEÇÃO ITAÚ DE ICONOGRAFIA BRASILEIRA

Na obra *Lavagem de diamantes em Curralinho, Minas Gerais*, do litógrafo E. Meyer, podemos ver um grupo de escravos trabalhando no garimpo de diamantes sob o atento olhar dos capatazes.

10. Leia o texto e complete as lacunas com as palavras do quadro.

mão de obra	imigração	minérios	soldados
mineração	escravo	comerciantes	impostos

Com a descoberta de ____________________ houve uma ____________________ muito grande de aventureiros, nobres e ____________________ portugueses para a colônia.

As vilas cresceram e muitas se tornaram cidades. O governo português contratou funcionários e ____________________ para cobrar ____________________ e controlar as pessoas que viviam nas regiões mineradoras.

Muitos donos de minas de ouro, prata e diamante doavam dinheiro para a construção de igrejas. Em igrejas dessa época, nas cidades de Ouro Preto, Mariana e Tiradentes é possível ver muitos ornamentos folheados a ouro.

Na mineração, assim como no plantio da cana e na produção de açúcar, o ____________________ africano também era a principal ____________________ trabalhadora. Eram eles que cavavam os túneis, peneiravam a areia e o barro do fundo dos rios, construíam as casas, os prédios públicos e as igrejas das cidades que nasciam e cresciam ao redor das regiões mineradoras.

A cana-de-açúcar, o gado e a ____________________ foram as principais práticas econômicas do Brasil colonial.

VIAGEM PITORESCA ATRAVÉS DO BRASIL

MORIO

A pequena Vila Rica retratada por Rugendas no século XIX transformou-se na cidade de Ouro Preto, que possui um dos mais importantes acervos de arte barroca do Brasil.

11. Muitos brasileiros não queriam ser governados pelos portugueses, pois queriam ter a liberdade de fazer suas próprias leis, ter seus próprios governantes, fazer negócios com diferentes países, deixar de pagar impostos a Portugal etc.

O período colonial foi marcado por várias revoltas.

- Complete as frases com o nome do estado onde elas ocorreram.

RUBENS CHAVES/PULSAR IMAGENS

Tiradentes foi um dos participantes da Conjuração Mineira. Sua importância para a nossa história ficou esquecida durante o século XIX e foi resgatada mais de cem anos após sua morte.

Conjuração Mineira, ocorrida no ano de 1789, na cidade de Ouro Preto, em ____________________.

Conjuração Baiana, ocorrida em 1798, na cidade de Salvador, na ____________________.

Revolução Pernambucana, ocorrida em 1817, na cidade do Recife, em ____________________.

COLEÇÃO PEDRO CORRÊA DO LAGO

Em 1817, a cidade do Recife, no estado de Pernambuco, foi o palco da Revolução Pernambucana. Na fotografia de Guilherme Gaensly, vê-se a região portuária da cidade em 1875.

Patrimônio cultural do período colonial

12. Leia o texto.

As expressões artísticas

Fazem parte da cultura colonial durante o século XVIII: igrejas, obras de arte, esculturas e móveis.

As igrejas de Ouro Preto, Sabará, Mariana e de outras pequenas cidades do estado de Minas Gerais, de Salvador, no estado da Bahia, e da cidade de Pirenópolis, no estado de Goiás, são as principais representantes da arte produzida no período colonial.

As esculturas de Antônio Francisco Lisboa, o Aleijadinho, também fazem parte da cultura colonial, assim como os poemas escritos por Tomás Antônio Gonzaga e Cláudio Manuel da Costa.

A arte feita nesse período é muito valorizada e estudada nos dias de hoje, seja por historiadores, artistas plásticos ou pesquisadores.

- Assinale as alternativas corretas.

  - [ ] A cultura colonial significa apenas o saber escolar dos que estudavam nos colégios da época.
  - [ ] A cultura colonial também pode ser percebida observando-se a vida dos vaqueiros no cuidado com o gado.
  - [ ] A cultura colonial deve ser entendida apenas como a construção de igrejas nas cidades onde ocorria a mineração.
  - [ ] A cultura colonial também foi influenciada pelos hábitos e costumes dos indígenas que aqui viveram.

A fuga da família real portuguesa para o Brasil

13. Leia os textos.

Entendendo a Europa do século XVIII

A Europa, no fim do século XVIII e início do século XIX, estava atravessando difíceis momentos políticos, porque França e Inglaterra resolveram declarar guerra uma à outra.

O mais importante governante europeu dessa época era Napoleão Bonaparte, imperador da França. Com seu exército, Napoleão invadiu e dominou vários impérios e países europeus, entre eles a Áustria, a Rússia, a Espanha e a Itália. Ele queria invadir e dominar a Inglaterra, mas não conseguiu.

A EUROPA SOB IMPÉRIO NAPOLEÔNICO (1789-1814)

Fonte: Black, Jeremy (ed.). *World history atlas*. London: Dorling Kindersley, 2008. p. 201.

A Europa, no início do século XIX, estava sob o domínio de Napoleão Bonaparte. Veja no mapa que a Inglaterra não fazia parte do continente europeu e esse foi um dos motivos pelos quais ela conseguiu se defender.

O exército de Napoleão Bonaparte havia conquistado quase toda a Europa, todavia Bonaparte sabia que seria muito difícil derrotar os ingleses. Mas ele sabia também que poderia enfraquecer um dos pilares do governo inglês: o comércio.

Para desestabilizar o comércio inglês, Napoleão proibiu os governantes dos países que tinha conquistado de receberem os navios ingleses, cheios de mercadorias. Essa decisão, tomada pelo imperador francês em 1806, ficou conhecida como Bloqueio Continental.

Uma aliança antiga

Os governantes da Inglaterra e de Portugal eram aliados e isso fez com que o príncipe regente português dom João apoiasse os ingleses na guerra contra Napoleão.

Napoleão Bonaparte, então, ordenou, em 1807, que seus exércitos invadissem Portugal. Em poucos meses os exércitos napoleônicos cruzaram as fronteiras de Portugal. O príncipe dom João e seus conselheiros começaram a pensar em alternativas para evitar uma guerra em território português.

Se a família real portuguesa fosse destronada, os ingleses perderiam um importante aliado no continente europeu. Percebendo o perigo, os representantes do governo inglês apoiaram dom João em sua ideia de deixar Lisboa com toda a sua família e seus funcionários.

Destronada: expulsa do trono; retirada do poder.

a) Assinale as alternativas corretas.

- [ ] Ao saber da intenção francesa de invadir o país, dom João decidiu transferir toda a Corte portuguesa para o Brasil.
- [ ] França e Inglaterra eram aliadas na guerra contra Portugal.
- [ ] Portugal estava sob ameaça de ser invadido pela França, governada por Napoleão Bonaparte, imperador que tinha uma política de conquista de territórios na Europa e fora dela.
- [ ] Portugal queria invadir a Inglaterra e dominar o comércio com a França.
- [ ] França e Portugal tornaram-se aliados, mas mantiveram o comércio com a Inglaterra.
- [ ] Se a família real portuguesa fosse destronada, os ingleses perderiam um importante aliado no continente europeu.

b) Por que a Inglaterra apoiou Portugal em sua decisão de transferir a Corte para o Brasil?

c) Que motivo levou dom João a ordenar a mudança da Corte portuguesa para o Brasil?

14. Leia o texto.

Na época da vinda da família real portuguesa ao Brasil, a rainha dona Maria I, mãe do príncipe regente dom João, estava impossibilitada de governar Portugal por motivos de saúde. Ela ficou conhecida como "dona Maria, a louca", porém os historiadores não sabem ao certo qual era realmente sua doença. Por causa dessa condição, seu filho, dom João, comandava como príncipe regente o trono português.

FIEMG

A rainha de Portugal, dona Maria, também veio ao Brasil no ano de 1808.

- Por que dom João governava Portugal como príncipe regente?

15. Leia o texto e observe a pintura que tem dom João como figura central.

Havia poucas saídas e as escolhas eram muito difíceis: ou dom João partia para o Brasil ou corria o risco de perder seu trono.
Portugal, então, decidiu transferir toda a Corte para o Brasil.

MUSEU HISTÓRICO DO ITAMARATI

- Complete o texto da legenda da imagem com as palavras do quadro.

Rio de Janeiro		Lisboa
porto	real	Corte

No dia 29 de novembro de 1807, a família ______________ portuguesa, acompanhada de sua ______________, zarpou do ______________ de ______________ em direção ao ______________.

16. Leia o texto e sublinhe o que foi necessário fazer para acomodar todas as pessoas que acompanhavam a família real.

Enfim, terra firme!

No início de fevereiro de 1808, a família real chegou a Salvador, na Bahia. Nessa cidade, ela ficou pouco tempo. No dia 8 de março daquele ano, a realeza desembarcou no Rio de Janeiro.

ACERVO KENNETH LIGHT

A obra *Chegada da família real de Portugal ao Rio de Janeiro em 7 de março de 1808*, pintada em 1999 por Geoff Hunt a pedido do pesquisador Kenneth Light.

Como dom João não teve tempo para planejar a mudança, não havia moradias suficientes para as cerca de 15 mil pessoas que vieram com a família real. A saída encontrada foi despejar muitos moradores de suas casas para que elas fossem ocupadas pelos recém-chegados.

Muitos moradores da região central da cidade tiveram que ir morar com parentes ou construir novas casas, em regiões afastadas de onde viviam antes da chegada da família real ao Brasil.

Despejar: expulsar de algum lugar; desocupar uma moradia.

17. Observe a história em quadrinhos para responder às questões.

- A cada cena da história em quadrinhos foi dado um título. Explique o que cada uma delas apresenta.

Cena 1: A partida

Cena 2: A dispersão da frota

Cena 3: A higiene das embarcações

Cena 4: A chegada a Salvador

Cena 5: A chegada ao Rio de Janeiro

18. Leia o texto e assinale as mudanças que dom João fez no Rio de Janeiro.

Mudanças no Rio de Janeiro

A cidade do Rio de Janeiro passou por grandes transformações com a chegada da família real portuguesa. Dom João mandou alargar e colocar calçamentos nas ruas, drenar regiões alagadas e pantanosas, fundou o Jardim Botânico e a Biblioteca Real (cujo acervo daria origem à atual Biblioteca Nacional).

O príncipe regente também procurou levar desenvolvimento à colônia como um todo e, para isso, criou o primeiro banco brasileiro: o Banco do Brasil.

ROSANE MARINHO/FOLHA IMAGEM

O prédio do Centro Cultural Banco do Brasil, na cidade do Rio de Janeiro, preserva parte da história do primeiro banco brasileiro, fundado em 1808.

A imprensa brasileira também nasceu no ano de 1808, com o surgimento dos jornais Correio Braziliense e Gazeta do Rio de Janeiro.

Diversos cursos de ensino superior também foram criados e começaram a funcionar com a autorização do príncipe regente.

19. Leia o texto e preencha as lacunas.

Portos abertos ao mundo amigo

A primeira medida tomada por dom João, logo que chegou ao Brasil, foi ______________________ os ______________________ brasileiros para as nações consideradas amigas de Portugal, entre elas a Inglaterra. Isso significava que o Brasil deixava de ser uma colônia portuguesa, ficando livre para fazer comércio com outros países do mundo.

Brasil, uma nação

20. Leia os textos e responda.

Um país livre de Portugal

Em 1820, aconteceu em Portugal a Revolução do Porto. Ela teve início na cidade do Porto, no norte do país. O povo envolvido na revolta tinha várias exigências. A principal era de que o rei dom João VI voltasse para Lisboa com sua família.

Desde novembro de 1807, haviam se passado 13 anos desde a fuga da família real para o Brasil e Portugal era um reino sem a presença da realeza.

Ao retornar para Portugal, dom João VI levou com ele uma grande quantidade de dinheiro do Banco do Brasil.

Muitos políticos brasileiros não concordaram com a atitude de dom João VI. Em resposta, dom Pedro diminuiu os impostos e garantiu aos militares brasileiros as mesmas condições dos militares portugueses.

No início de 1822, dom Pedro era pressionado por portugueses, que queriam que ele voltasse para a Europa, e por brasileiros, que queriam que ele declarasse a independência do Brasil.

No dia 7 de setembro de 1822, durante uma viagem à cidade de São Paulo e após ter sido informado de que uma expedição portuguesa iria desembarcar na Bahia, dom Pedro decidiu não dar mais ouvidos às pressões vindas de Portugal e proclamou a independência do Brasil, que passou a se chamar Império do Brasil.

Com a Proclamação da Independência, o Brasil deixou de ser uma colônia de Portugal e passou a ser um império livre. O príncipe português foi coroado com o nome de imperador dom Pedro I e, com sua coroação, iniciava-se um longo período de fortalecimento da independência declarada.

Não bastava declarar a independência do Brasil. Era necessário construir, pouco a pouco, a independência. No entanto, perante a lei e aos demais países, já estava garantida a independência do Brasil.

a) O que exigia a Revolução do Porto?

b) Quanto tempo se passou entre a fuga da família real de Portugal e a independência do Brasil?

c) Por que dom Pedro declarou a independência do Brasil?

21. Leia os textos.

D. Pedro I e a Constituição

VIAGEM PITORESCA E HISTÓRICA AO BRASIL

A aclamação de dom Pedro I como imperador do Brasil, realizada no dia 12 de outubro de 1822, foi muito comemorada pelos moradores da cidade do Rio de Janeiro. Na imagem, a reprodução da obra *Aclamação de dom Pedro I imperador do Brasil no Campo de Santana*, de Jean-Baptiste Debret.

Aclamação: manifestação de aprovação e entusiasmo de uma multidão para saudar os reis e imperadores.

Após a Proclamação da Independência, dom Pedro foi aclamado imperador e defensor perpétuo do Brasil, que passou a ser um império.

Durante o seu governo, dom Pedro I enfrentou muitos problemas. O principal deles foi a disputa interna entre dois grupos políticos que tinham muita influência na sociedade da época. Dom Pedro I governava dividido entre esses dois grupos; ora atendia aos pedidos dos liberais, ora atendia aos pedidos dos conservadores.

Os liberais

O grupo chamado de liberais era composto por deputados, senadores, comerciantes e jornalistas. Esse grupo político queria que o imperador atendesse aos interesses dos brasileiros, concedendo, por exemplo, impostos mais baixos, mais direitos políticos, mais liberdade para o comércio, entre outros pedidos.

Os conservadores

O grupo chamado de conservadores era composto por deputados, senadores, comerciantes, jornalistas, fazendeiros e grandes proprietários de escravos. O principal objetivo desse grupo político era conseguir do imperador fidelidade aos interesses de Portugal no Brasil.

A **Constituição** é a lei maior de um país, e foi nesse clima de disputa que os deputados e senadores começaram a escrever a primeira Constituição para o Brasil, já no ano de 1823.

Nessa época, liberais e conservadores disputaram para que suas ideias fossem aceitas pelo imperador e pela **Assembleia Constituinte**, criada para escrever o texto da primeira Constituição.

- Responda às questões.

a) Após a Proclamação da Independência, quem foi aclamado imperador e defensor perpétuo do Brasil?

____

____

b) De acordo com o texto, dom Pedro atendia aos pedidos de quais grupos políticos?

____

____

____

c) Qual é a lei maior de um país?

____

____

22. Leia o texto e responda.

A Constituição outorgada

No fim de 1823, influenciado por políticos conservadores, o imperador dom Pedro decidiu fechar a Assembleia Constituinte, impedindo, dessa maneira, o trabalho dos políticos que estavam escrevendo a nova Constituição para o Brasil.

No lugar dos deputados e senadores, dom Pedro escolheu dez pessoas de sua confiança para escrever o texto da nova Constituição. Em apenas um mês, esse grupo escreveu o conjunto de leis que a compõe. A nova Constituição garantia amplos poderes ao imperador, inclusive o de governar sem precisar aceitar as decisões dos deputados e senadores.

Em 25 de março de 1824, dom Pedro outorgou a primeira Constituição do Brasil.

Outorgar: aceitar, autorizar, conceder.

Veja o que diz o primeiro artigo dela:

Art. 1. O IMPERIO do Brazil é a associação Politica de todos os Cidadãos Brazileiros. Elles formam uma Nação livre, e independente, que não admite com qualquer outra laço algum de união, ou federação, que se opponha á sua Independencia.

BRASIL. Constituição Politica do Imperio do Brazil (de 25 de março de 1824). Disponível em: <www.planalto.gov.br/ccivil_03/constituicao/constituicao24.htm>. Acesso em: fevereiro de 2015.

a) Quem outorgou a primeira Constituição do Brasil? Quando isso aconteceu?

____

____

____

b) De acordo com o primeiro artigo da Constituição de 1824, quais são as características do Império do Brasil?

____

____

____

____

23. Leia o texto e responda.

D. Pedro I abre mão do trono

O fechamento da Assembleia Constituinte e a outorga da Constituição, ocorridos nos anos de 1823 e 1824, não agradaram a muitos políticos. Em protesto contra as ações de dom Pedro, os liberais publicaram muitos artigos contrários ao imperador. Esses artigos foram escritos em panfletos e jornais das cidades brasileiras mais importantes da época: Rio de Janeiro, São Paulo, Recife, Ouro Preto e Salvador.

Nas ruas do Rio de Janeiro, grupos de pessoas contrárias e a favor das medidas impopulares de dom Pedro começaram a se enfrentar. O clima político do império passou a ficar muito ruim. Houve até mesmo confrontos entre conservadores e liberais nas ruas do Rio de Janeiro. Descontente com essa situação, o imperador resolveu deixar o poder e voltar para Portugal.

No dia 6 de abril, desde o amanhecer, numerosos grupos se concentraram para protestar no Campo de Santana (local que, em 1822, fora o palco da aclamação do imperador dom Pedro).

Os populares que lá estavam exigiam do governo que algumas medidas arbitrárias fossem canceladas e revogadas.

No dia 7 de abril de 1831, dom Pedro abriu mão do trono em nome de seu filho, Pedro de Alcântara, que tinha apenas 5 anos. Nesse mesmo dia partiu para Portugal, deixando aqui o filho aos cuidados de protetores.

Como a Constituição não permitia que o herdeiro do trono governasse antes dos 18 anos, um grupo de políticos representativos do país foi escolhido para governar até a maioridade de Pedro de Alcântara.

Medidas arbitrárias: decisões autoritárias.
Revogadas: anuladas.

MUSEU IMPERIAL/IPHAN/MINISTÉRIO DA CULTURA

Com apenas 5 anos, Pedro de Alcântara herdou de seu pai, dom Pedro I, o trono do Império brasileiro.

A gravura desta página, feita pelo pintor alemão Félix Taunay, representa os acontecimentos do dia 12 de outubro de 1822, quando muitas pessoas foram ao Campo de Santana, no Rio de Janeiro, para festejar a aclamação do imperador dom Pedro.

Anos mais tarde, no dia 6 de abril de 1831, muitas pessoas voltaram a se reunir no Campo de Santana, mas desta vez por outro motivo.

BIBLIOTECA NACIONAL

Aclamação de dom Pedro I, imperador do Brasil no campo Santana. Óleo sobre tela de Félix Auguste Taunay.

Em 1835, os deputados e senadores votaram a aprovação de uma lei que modificava a primeira Constituição. Uma dessas mudanças criava a necessidade do voto da população para a escolha de um regente, que governaria sozinho, por um mandato que duraria quatro anos.

Nessa época, porém, nem toda a população brasileira podia votar. Votavam somente os homens livres, maiores de 25 anos, que tivessem uma renda mínima de 100 mil-réis por ano.

a) Por qual motivo o povo foi ao Campo de Santana no dia 12 de outubro de 1822?

____

____

____

b) E no dia 6 de abril de 1831, qual foi o motivo que levou o povo ao Campo de Santana?

____

____

O cotidiano da escravidão no Brasil

24. Leia o texto.

Os escravos de ganho

Durante todo o período colonial e quase todo o período imperial brasileiro, os trabalhos braçais eram realizados pelos negros escravizados.

A maioria dos alforriados trabalhava em ocupações urbanas, que, entre outras profissões, contavam com artesãos, vendedores ambulantes, barbeiros, lavadeiras, pedreiros, carpinteiros, carregadores de água, estivadores etc.

Cronistas e historiadores contam como os **escravos de ganho**, que eram aqueles que prestavam serviços a terceiros e repassavam parte ou todo o dinheiro arrecadado com os pagamentos ao proprietário, ocupavam as ruas da cidade, decidindo eles próprios onde e como iriam trabalhar.

Esse sistema possibilitava que, com muito esforço, os escravos de ganho juntassem dinheiro e dessa forma pudessem comprar sua alforria.

Assim como os escravos de ganho, os **escravos domésticos** também circulavam pelas ruas, encarregados de tarefas como comprar alimentos, buscar água e levar recados etc.

Os escravos de ganho que viviam nas cidades do século XIX foram registrados por artistas daquela época.
Nas imagens, vemos as fotografias **Senhora na liteira com dois escravos**, de autor desconhecido, e **Escravos de ganho**, registrada pelo fotógrafo Christiano Junior, no ano de 1865.

Adaptado de: *Revista de História da Biblioteca Nacional*, ano 1, n. 12, 2006, p. 74.

Liteira: cadeira coberta, suspensa por haste e conduzida por homens ou animais.

Responda às questões.

a) Quem realizava os trabalhos braçais no período colonial?

b) Cite as principais ocupações dos negros alforriados.

c) Quem eram os escravos de ganho?

O império do café

25. Leia o texto.

Os cafeicultores

No século XIX, o café começou a ser plantado no Rio de Janeiro. Aos poucos, as áreas para o plantio foram crescendo ao longo do rio Paraíba, chegando, décadas mais tarde, ao oeste da província de São Paulo.

Muitos cafeicultores enriqueceram exportando café. Vários deles conquistaram cargos políticos, como os de deputados e senadores. Alguns se filiaram ao Partido Liberal, enquanto outros se alinharam às ideias do Partido Conservador. Entretanto, todos tinham em comum a defesa dos interesses dos cafeicultores: garantia de que poderiam comprar e vender escravos, reconhecimento das terras que foram tomadas dos indígenas e dos quilombos e auxílio do governo para produzir e exportar o café.

Brasil – Expansão do café (início do século XIX até 1880)

Fonte: Flavio de Campos. *Atlas*: história do Brasil. São Paulo: Scipione, 1997.

■ Complete a frase.

No século XIX, o café começou a ser cultivado na província do ____________________, chegou ao vale do rio ____________________ e ganhou o oeste da província de ____________________, levando desenvolvimento econômico, urbano e tecnológico para o interior do Brasil.

26. Leia o texto.

A política moldando a sociedade

Os cafeicultores, por meio de seus representantes políticos, pressionaram o governo imperial a criar leis que apoiassem a entrada de imigrantes europeus no Brasil.

A partir da segunda metade do século XIX, uma grande quantidade de famílias e de homens solteiros veio da Europa para trabalhar nas lavouras de café das províncias do Rio de Janeiro e de São Paulo.

COLEÇÃO PEDRO CORRÊA DO LAGO

Nas grandes propriedades rurais que cultivavam o café durante o século XIX, o trabalho escravo passou a ser, gradualmente, substituído pela mão de obra imigrante. Na imagem, registrada por Marc Ferrez no ano de 1885, vemos trabalhadores em um terreiro de secagem de café, em uma fazenda do interior da província de São Paulo.

Muitos países europeus cederam a mão de obra que passaria a dividir o trabalho nos campos e nas plantações com os escravos africanos. Entre esses países, os principais foram Itália, Espanha, Alemanha e Portugal.

Em alguns pontos, liberais e conservadores se entendiam; em outros, nem tanto. No que se referia à escravidão, os partidos tinham opiniões bem diferentes: os liberais tendiam a ser contrários à utilização de mão de obra escrava, enquanto os conservadores, pressionados pelos cafeicultores, defendiam a manutenção da escravidão.

Entre as leis aprovadas durante o século XIX, as principais foram a que proibiu o tráfico de escravos, a que concedeu liberdade para os escravos idosos e a que considerou livres, aos 21 anos, todos os filhos de escravos que nascessem no Brasil.

- Responda às questões.

a) Quando chegaram os primeiros imigrantes?

b) Onde esses imigrantes foram trabalhar?

c) De onde veio a maioria desses imigrantes?

27. Leia o texto e complete as lacunas com as palavras do quadro.

urbanizando	lavouras	estradas de ferro	embarcações	
escravos	produção	portos	cidades	economia
urbanos	cafeeira	incentivo	proibindo	agricultura
assalariados	classe média	imigrantes		

A cafeicultura

Durante a década de 1860, a economia começou a mudar. A grande aceitação do café no exterior fez com que o governo passasse a investir ainda mais nesse tipo de ______________________.

Muitos cafeicultores, para produzir mais, passaram a modernizar suas ______________________.

Como a compra de escravos estava cada vez mais difícil e os ______________________, cada

FOTOS: COLEÇÃO PEDRO CORRÊA DO LAGO

A construção de ferrovias, pontes, vagões e locomotivas impulsionou o desenvolvimento econômico de muitos lugares. Nas fotografias, registradas por Marc Ferrez nas décadas de 1880 e 1890, é possível observar alguns trabalhadores próximos ao viaduto Grota Funda, em São Paulo, e os galpões das oficinas da Estrada de Ferro Leopoldina, no Rio de Janeiro.

vez mais caros, muitos passaram a contratar mais ______________________ para trabalharem, já não mais como parceiros, mas como trabalhadores ______________________.

Para o transporte da ______________________ cafeeira, muitos agricultores cobraram dos governantes a construção de ______________________ nas regiões de suas fazendas.

O governo começou a investir na construção de grandes ferrovias ligando as regiões cafeeiras aos ______________________, no litoral. Ao longo dessas ferrovias, surgiram pequenas ______________________, que se tornaram movimentadas pela presença dos imigrantes, dos negros escravizados e dos pequenos comerciantes. Aos poucos, o interior do Brasil foi se ______________________.

MUSEU IMPERIAL, PETRÓPOLIS

O estaleiro Mauá, que ficava localizado no município de Niterói, no estado do Rio de Janeiro (RJ), foi fundado no ano de 1846, em uma época em que praticamente não existiam indústrias em nosso país. Na imagem, vemos a pintura Fábrica Ponta d'Areia, feita por Pieter G. Bertichem no ano de 1857.

Em 1846, o empresário Irineu Evangelista de Souza, que ficou conhecido como Barão de Mauá, resolveu montar, em Niterói, no Rio de Janeiro, um estaleiro e uma fundição. Com seus investimentos e realizações, o Barão de Mauá conseguiu produzir canos de ferro, pregos, ferramentas e muitos outros produtos feitos com metal. Seu estaleiro fabricou muitas _______________ durante os anos em que existiu. As suas indústrias chegaram a contar com 700 funcionários.

As indústrias cresceram tanto que, anos mais tarde, seus orçamentos eram equiparados aos gastos totais do governo imperial. Todavia, sem o _______________ do governo e sem a aprovação de leis que ajudariam as indústrias brasileiras, as ideias do Barão de Mauá não vingaram no Brasil.

Mesmo sem se industrializar, a _______________ brasileira chegou ao fim do século XIX bem diferente daquela do início do século. As ferrovias cortavam os sertões, as vilas e cidades cresciam em meio aos cafezais, uma _______________ formava-se nos centros _______________, o comércio estava mais forte e mesmo algumas fábricas começaram a aparecer.

Quando foi assinada a lei _______________ a escravidão no Brasil, em 1888, o trabalho assalariado já existia, o que revela uma das principais mudanças na economia brasileira. No entanto, a grande responsável pelos recursos financeiros que entravam no Brasil ainda era a lavoura, principalmente a _______________.

Estaleiro: lugar em que se constroem e se consertam barcos.
Fundição: lugar onde se derretem os metais para dar-lhes formas diversas.

Os direitos dos negros

28. Leia o texto e responda.

Os negros no Segundo Reinado

A população negra, escrava ou livre, formava a maioria da sociedade brasileira do Segundo Reinado. Assim como no período colonial, os negros escravizados faziam grande parte dos serviços braçais.

Nessa época, praticamente todas as pessoas que possuíam alguma posse compravam um escravo, que sempre trabalhava muitas horas por dia. Um escravo doméstico, por exemplo, trabalhava mais de 14 horas por dia.

Durante o dia, os escravos domésticos cuidavam das roupas, da alimentação e da limpeza da casa de seus proprietários. À noite, preparavam o banho de seus senhores, lavavam os utensílios de cozinha, preparavam a cama e, muitas vezes, ainda precisavam fazer companhia para seus senhores e esperar que eles adormecessem.

Antes de irem para seus pequenos quartos descansar, verificavam se as portas e janelas estavam devidamente fechadas para que ninguém entrasse na casa de seus donos.

FOTOS: COLEÇÃO PEDRO CORRÊA DO LAGO

Os escravos urbanos constituíram-se como um modelo à parte da escravidão tradicional. Em constante contato com o ambiente das ruas e com as pessoas que por elas transitavam, esses escravos tiveram uma grande participação na luta pelo fim da escravidão no Brasil.

a) Que população formava a maior parcela da sociedade brasileira no Segundo Reinado?

____

____

____

b) Quantas horas por dia trabalhava um escravo doméstico?

____

____

____

c) Cite atividades exercidas pelo escravo doméstico durante o Segundo Reinado.

____

____

____

____

d) Assinale as alternativas corretas:

☐ Os escravos domésticos preparavam o banho de seus senhores e lavavam os materiais de cozinha.

☐ Os escravos domésticos trabalhavam na lavoura, plantando e colhendo café.

☐ Os escravos domésticos não cuidavam das roupas, da alimentação e da limpeza da casa de seus proprietários.

☐ Os escravos domésticos preparavam a cama e faziam companhia para seus senhores.

☐ Os escravos domésticos deixavam as janelas e portas das casas abertas para que pudessem fugir para os quilombos durante a noite.

29. Leia o texto e responda.

COLEÇÃO PEDRO CORRÊA DO LAGO

Na fotografia registrada por Marc Ferrez, no ano de 1875, podemos ver uma vendedora de frutas que trabalhava na cidade do Rio de Janeiro.

Entre a população negra havia aqueles que eram livres. Essa parte da população tinha conseguido a liberdade por meio da alforria ou pela garantia que as leis criadas naquele período lhe concediam.

Nas maiores e principais cidades do período imperial brasileiro, como Rio de Janeiro e Salvador, eram muitos os negros que trabalhavam e viviam livremente, mesmo antes da abolição da escravatura.

Esses negros formavam um grande grupo que trabalhava por conta própria, exercendo pequenas atividades vitais para uma cidade. Além de venderem doces, temperos, verduras, pequenos materiais artesanais e muitas outras coisas, também trabalhavam como alfaiates, quitandeiras, sapateiros, jornaleiros, vendedores de lenha, pedreiros, carpinteiros, músicos e outras tantas profissões.

A partir da década de 1870, o trabalho escravo começou a ganhar cada vez mais críticos. Políticos, intelectuais, escritores e religiosos defendiam o fim da escravidão.

As críticas e pressões contra a escravidão eram muitas e espalhadas por todas as províncias do Império. Diante de tal situação, a princesa Isabel assinou a lei que iria abolir definitivamente a escravidão no país: a **Lei Áurea**, assinada em 13 de maio de 1888.

Vitais: que garantem a vida.

André Rebouças viveu de 1838 a 1898 e foi um dos principais abolicionistas brasileiros.

MUSEU HISTÓRICO NACIONAL

a) De que maneira parte da população negra conseguiu ser livre?

b) Que atividades a população negra livre exercia?

c) Quem defendia o fim da escravidão?

d) Que lei aboliu definitivamente a escravidão?

e) Quem assinou essa lei e quando isso ocorreu?

f) Assinale a alternativa correta.

- [ ] A sociedade brasileira do período colonial era composta somente por proprietários de terras, trabalhadores livres e indígenas.
- [ ] No século XIX, os grandes proprietários de terras não utilizavam mão de obra escrava.
- [ ] A população negra, escrava ou livre, formava a maioria da sociedade do Segundo Reinado.

g) Os negros livres no século XIX exerciam diversas profissões. Procure o significado dessas profissões em um dicionário e escreva-o abaixo.

Alfaiate: ______________________________

____

____

Quitandeiro: ______________________________

____

____

Sapateiro: ______________________________

____

____

Carpinteiro: ______________________________

____

____

Músico: ______________________________

____

____

____

30. Leia o texto.

Livres e assalariados

Com a quantidade de trabalhadores escravos diminuindo e com a chegada de trabalhadores imigrantes vindos da Europa, um novo grupo de pessoas estava se formando na sociedade brasileira do século XIX: os trabalhadores livres e assalariados.

Muitos imigrantes não se adaptaram ao duro trabalho nas lavouras de café, algodão e cana-de-açúcar e se mudaram para as cidades, que cresciam, pouco a pouco, naquela época. Ali, os imigrantes e seus familiares trabalharam em padarias, armazéns, relojoarias e em outros ramos do comércio, assim como também começaram a trabalhar nas primeiras indústrias e oficinas brasileiras.

Alguns deles começaram a trabalhar como funcionários públicos e também como profissionais liberais.

COLEÇÃO PEDRO CORRÊA DO LAGO

Na fotografia intitulada *Mercado no Rio de Janeiro*, registrada pelo espanhol Juan Gutierrez, aproximadamente no ano de 1890, podemos ver negros e imigrantes dividindo o espaço de trabalho em um mercado de cestos e alimentos daquela cidade.

- Cite algumas atividades exercidas pelos imigrantes europeus que se fixaram nas cidades brasileiras durante o século XIX.

Proclamação da República

31. Leia o texto.

No início de novembro de 1889, os militares, liderados pelos marechais Floriano Peixoto e Deodoro da Fonseca, decidiram pressionar o imperador e seus ministros para que os problemas de reajuste salarial, promoções e falta de equipamentos fossem resolvidos. Os cafeicultores paulistas e os republicanos das principais cidades brasileiras concordavam com os militares e apoiavam suas decisões.

Em 15 de novembro, os militares resolveram pôr fim ao regime monárquico. Nesse dia, conhecido como dia da **Proclamação da República**, não houve tumulto. Os militares fizeram uma passeata pelas principais ruas do centro do Rio de Janeiro, para demonstrar a todos que eles tinham assumido o governo do país e declarado o fim do Império brasileiro: a República estava instaurada.

A Proclamação foi uma iniciativa dos próprios militares e não contou com a participação da população.

COLEÇÃO PEDRO CORRÊA DO LAGO

D. Pedro II não teve como reagir ao golpe que sofrera. Os historiadores afirmam que ele não tinha mais forças para reunir os favoráveis ao seu governo e manter o poder. Em 17 de novembro de 1889, partiu com sua família para a Europa.

Responda às questões:

a) Quem proclamou a República?

____

____

b) Quando ocorreu a Proclamação da República?

____

c) A população participou da Proclamação da República?

____

____

32. Leia o texto.

Após o 15 de novembro, o Brasil teria de construir a República, um regime que poucos sabiam o que significava, uma vez que, naquele tempo, as informações demoravam muito para se propagar e a maioria das pessoas não entendia o que estava acontecendo.

A população brasileira daquela época quase não tinha acesso aos serviços médicos, educacionais e às moradias, e a troca de uma forma de governo por outra, praticamente, não fazia diferença.

Entretanto, algumas mudanças eram visíveis. A monarquia fora derrotada, o governo não seria mais transmitido de pai para filho, o que significava que o país passaria a ser governado por um presidente eleito, assim como os governadores dos estados governariam as antigas províncias.

RÔMULO FIALDINI/COLEÇÃO DE ARTE DA CIDADE/CCSP/SMC/PMSP

A população brasileira na época da Proclamação da República praticamente não participou desse movimento político. Na obra *Marechal Deodoro da Fonseca sendo aclamado no Campo de Santana*, de Benedito Calixto, vemos a representação de um grande grupo de militares participando do acontecimento político que inaugurou a República brasileira.

- Sublinhe no texto as mudanças que a República trouxe para o Brasil.

Cidadania

33. Complete o texto com as palavras do quadro.

democrático	crianças	europeus	africanos	idosos	asiáticos
desigualdades sociais	afrodescendentes	pessoas com deficiência			
adolescentes	cidadãos	indígenas	direitos	Constituição	

Desde o fim do Regime Militar, em 1985, o Brasil vive um regime ________________, regido por uma ________________.

O país, porém, ainda é marcado por ________________. Uma das formas de combater essa situação é lutar pelos ________________ dos ________________.

A Constituição de 1988 possibilitou a criação de leis e estatutos que beneficiassem os cidadãos, no sentido de diminuir as diferenças entre os diversos setores que compõem a sociedade. Assim, as ________________ e os ________________ bem como os ________________, as ________________ e os ________________ tiveram seus direitos assegurados.

A sociedade brasileira é marcada pela presença de diferentes povos ________________ e descendentes de ________________, ________________ e ________________, que contribuíram para a formação dos hábitos, costumes, crenças e valores que caracterizam o Brasil.

34. Assinale as alternativas corretas.

- [ ] O regime militar no Brasil durou de 1964 a 1985 e foi marcado por suspender os direitos democráticos dos cidadãos, restringir a liberdade e reprimir, com violência, as tentativas de oposição.
- [ ] Embora a condição da mulher na sociedade atual tenha mudado, ainda há situações de desigualdade, como salários menores que o dos homens para a mesma ocupação, discriminação e situações de violência.